GERMAN THROUGH READING

4. Dagmars Probleme

M. E. MOUNTJOY

Head of Modern Languages Department
Dartford Technical High School for Boys, Kent

Illustrated by Bill Ireland

HEINEMANN EDUCATIONAL BOOKS

LONDON

Heinemann Educational Books Ltd
LONDON EDINBURGH MELBOURNE AUCKLAND TORONTO
HONG KONG SINGAPORE KUALA LUMPUR NEW DELHI
NAIROBI JOHANNESBURG LUSAKA IBADAN
KINGSTON

ISBN 0 435 38610 7

German through Reading Series
by M. E. Mountjoy

STAGE I

1. Das Haus im Baum
2. Ingrid und Maria

STAGE II

3. Alarm bei Nacht
4. Dagmars Probleme

STAGE III

5. Hitlers Ära
6. Der Weg zu den Sternen

A book of objective tests accompanies the series

Published by
Heinemann Educational Books Ltd
48 Charles Street, London W1X 8AH
Printed in Great Britain by
Richard Clay (The Chaucer Press), Ltd, Bungay, Suffolk

Preface

Teachers of German often find themselves in the difficult position of having to prepare pupils for external examinations in a relatively short space of time.

The pressure of demands on class periods leaves little or no opportunity for private reading in school. This usually has to be done at home. But how well? How much of the text has each pupil grasped? Performance at objective tests printed within the book does not necessarily reflect the true situation, since there may be pooling of the right answers among friends.

The aim of these books is to ensure that each pupil reads and understands, without adding unduly to the teacher's burden in the process. There are six graded readers and a book of objective tests, the latter for use in class only.

The method is for pupils to read the allotted chapter(s) in their own time. They then complete in class, in a few minutes and without reference to the reader, the relevant tests. These are quickly marked by pupils or staff and have the advantage of an immediate score. (The teacher may like to mark the results of a couple of volunteers who then mark the rest.) Most pupils are glad to know at once how well they have done. The teacher can see at a glance who has failed to come up to standard, and enquire why. Personal difficulties and troubles come quickly to light and help may be given without delay. The snowball effect on the pupil whose lack of reading reduces his or her general performance is largely eliminated.

In our experience pupils have become keenly interested in their scores, and many parents have commented particularly at 'at homes' on the trouble taken by their children to get a good score by this method. Its objectivity appeals; they regard it as fair.

The reading programme may cover one year or two; it is designed for one book each half term or one book per term. (Alternatively, pupils in mixed ability classes may work at individual rates.) On completion pupils are better able to cope with comprehension tests, on which increasing emphasis is being placed by examining boards.

The advantages to us have been that pupils do read books from beginning to end and know what is in them. Since questions are *not* included in the reader, the schoolboy method of *beginning* by answering them and reading incidentally, does not apply. Instead, as their facility increases, they acquire the pleasure of reading. In selecting topics which appeal, and by having lively and helpful illustrations, we have tried to make the experience one of pleasure from the beginning.

M. E. Mountjoy

Eins

Dagmar ist dick.
Sie ist aber ein sehr fleißiges Mädchen.
„Die Dagmar kann alles", sagt die Mutter. „Putzen, kochen, feine Kuchen backen, schöne Kleider machen … das alles kann sie."
Dagmar arbeitet in einem Büro in Hamburg. Die Arbeit findet sie gar nicht interessant. Den ganzen Tag von acht Uhr morgens bis sechs Uhr abends bleibt sie im Büro sitzen. Es ist ein langer Tag.
Sie ist froh, wenn es Zeit ist, nach Hause zu gehen.
Abends bleibt sie gerne zu Hause. Dann backt sie vielleicht einen großen Apfelkuchen, oder sie macht für die Mutter ein Kleid.
Sie geht nicht tanzen, auch nicht ins Kino mit Freunden.
„Das ist aber schade!" sagt die Mutter.
„Du bleibst zuviel zu Hause. Es ist nicht gut, immer zu Hause zu sein. Geh' mal mit Christel tanzen."
Christel ist Dagmars Kusine. Sie ist ein

schönes Mädchen.
Freundlich ist sie auch. Sie ist schlank und treibt viel Sport: Skifahren, Schwimmen, Wasserskifahren, Tennis.
„Die Christel hat so viele Freunde", sagt ihre Mutter. „Es kommen immer wieder junge Leute, die Christel abholen."
Dagmar kann auch tanzen. Skifahren kann sie auch, vielleicht nicht sehr gut ... aber kein Freund kommt sie abholen.
„Geh' mal mit Christel tanzen", sagt Dagmars Mutter wieder. „Es wird dir gut tun. Du bist jung. Nutze die freie Zeit, um dich zu amüsieren!"
„Ja, komm' doch!" sagt Christel. „Wir haben immer soviel Spaß!"

Wie schon gesagt, ist die Christel immer sehr freundlich.
Dagmar geht zu Christel. Ein junger Mann kommt in einem eleganten weißen Sportwagen, um sie abzuholen.
„Komm' Christel!" sagt er.
Christel springt fröhlich ins Auto.
„Komm' Dagmar!" sagt sie freundlich.
„Hier vorn ist Platz für drei."

5

Aber nicht, wenn Dagmar die Dritte ist! Sie ist zu dick. Sie muß hinten im Wagen sitzen.

Sie kommen im Beatkeller an. Dort ist es wirklich lustig.

Viele junge Leute lachen und tanzen und hören der Beatmusik zu.

Es kommen junge Männer, die mit Christel tanzen wollen.

Dagmar sitzt allein.

„Komm' Kurt", sagt Christel, „du muß mit Dagmar tanzen. Sie kann nicht allein da sitzen."

„Nein, danke, Kurt", sagt Dagmar. „Tanz' mit Christel. Mir geht es gut, Ich höre gerne die Musik."

„Dan bringe ich dir ein Stück Kuchen und ein Glas Limonade", sagt Kurt. Er ist sehr froh, mit Christel tanzen zu können.

Dagmar ist nicht hungrig, aber sie nimmt gerne den Kuchen und die Limonade an. Besser etwas essen und trinken als nur allein sitzen.

Alle drei fahren zusammen nach Hause. Dagmar sitzt hinten im Auto. Kurt bringt sie als erste nach Hause. Er will mit Christel allein sein. Das weiß Dagmar schon.

Zwei

„Warum gehst du nicht mehr mit
Christel tanzen?" fragt Dagmars
Mutter.
„Ich bleibe lieber zu Hause."
„Aber es ist nicht gut für dich, immer
zu Hause zu bleiben."
„Ja, aber ich will einen Aprikosenkuchen
backen, und . . ."

„Es ist schade", sagt die Mutter, „daß
die Christel heiratet und du nicht. Sie
ist immer im Kino und beim Tanzen.
Über Kochen und Backen weiß sie
nichts und will nichts davon wissen.
Aber einen sehr netten Mann hat sie
gefunden. Und du?
Wo wirst du einen Mann finden?"
„Das weiß ich nicht. Vielleicht im
Büro."

„Im Büro? Nein! Da sind sie alle zu
alt für dich und fast alle schon
verheiratet."
„Sprechen wir nicht mehr darüber",
sagt Dagmar.
„Aber wir müssen darüber sprechen."
„Warum?"
„Du kannst nicht immer bei uns bleiben."
„Warum nicht?"
„Es ist nicht gut für dich! Und wenn

wir eines Tages nicht mehr hier sind? Was wirst du tun? Du hast keine Geschwister."

„Ich werde heiraten."

„Dann wird es vielleicht zu spät sein. Es ist besser, jetzt darüber zu sprechen. Wir müssen einen Mann für dich finden."

„Aber wo?"

„Ja, wo? Du bleibst die ganze Zeit zu Hause; du gehst nicht tanzen, und gehst auch nicht mit Freunden aus. Wenn du schwimmen gehst, bist du immer allein. Also, wir müssen suchen."

„Aber wo?"

„In der Zeitung. Wo sonst?"

„In der Zeitung! Aber Mutti, was werden Christel und die Tante dazu sagen?"

„Sie werden nichts davon wissen. Wir werden sehr diskret sein. Wir werden ein Inserat in der Zeitung aufgeben, und dann werden wir auf die Post warten. Wir werden sehen, wieviele Offerten kommen werden."

Drei

Es kommen viele Offerten.
Dagmars Mutter liest die Briefe.
„Uninteressant!" sagt sie; dann.
„Ein Italiener! Danke, nein!—
Auch ein Ausländer, ein Schweizer,
namens Max Bruni. Natürlich willst
du nicht ins Ausland gehen!—
Noch ein Brief, auch uninteressant!
Ein Deutscher, aber er ist zu alt
für dich!"
Und so weiter.
Von all den Briefen nimmt sie drei.
„Also", sagt sie. „Hier sind die drei
besten. Mit diesen Herren können wir
Kontakt aufnehmen. Wenn sie zu
uns kommen, muß Vati dabei sein."
„Warum ich?" fragt Herr Wolff. „Das
geht dich und Dagmar an. Mich nicht!"
„Aber Vati, wir müssen die Herren
persönlich kennenlernen, und es ist
besser, wenn ein Mann dabei ist."
„Also, wenn es sein muß", sagt Herr
Wolff.—
Der erste von den drei Herren kommt

Montag abend.
Er bringt Blumen mit, ist sehr korrekt,
aber Dagmar mag ihn nicht.
Der zweite ist klein und dick und fast
so alt wie Herr Wolff.
Der dritte ist ein sehr freundlicher
Mensch. Dagmar findet ihn sehr
sympathisch. Er ist jung und

intelligent.
„Also, auf Wiedersehen, Fräulein
Wolff!" sagt er. „Morgen komm' ich
Sie mit meinem Auto abholen."
Aber am nächsten Tag kommt er
nicht. Von ihm hört man nichts mehr.
Also ist Dagmar am Wochenende
wieder allein.

Sie backt eine feine Schokoladentorte.
Um drei Uhr nachmittags klingelt das
Telefon.
„Für dich, Dagmar", sagt der Vater.
„Wer ist es?"
„Ein junger Mann, namens Gruni, oder
Kruni, oder Bruni, oder—"
„Für mich? Aber ich kenne keinen

jungen Mann dieses Namens."
„Dann kannst du ihm einfach sagen,
daß du ihn nicht kennst", sagt Herr
Wolff.
Dagmar geht zum Telefon.
Es ist der Schweizer, Max Bruni.
„Ich möchte Sie kennenlernen", sagt
er. „Darf ich zu Ihnen kommen?"

„Ja, gerne", sagt Dagmar, ohne
nachzudenken. Sie ist sehr nervös.
„Wann wollen Sie zu uns kommen?"
„Jetzt, bitte."
„Jetzt?"
„Ja, bitte."
„Also, ja . . . gut."
„Ist in Ordnung?"

fragt der Schweizer.
„Ja, es ist in Ordnung", sagt Dagmar.
Sie ist zu nervös zu denken, was sie
sagen soll.
„Also, sagen wir in einer halben
Stunde. Auf Wiedersehen!"
„Auf Wiedersehen!"

Vier

Frau Wolff ist gar nicht zufrieden.
„Ein Schweizer!" sagt sie. „Dagmar,
du bist ja dumm! Willst du denn ins
Ausland gehen? Und in die Schweiz?
So weit von Hamburg weg! Warum
denn?"
„Ich kann immer ‚nein' sagen", sagt
Dagmar, „und wenn er so wie die

anderen ist, sage ich gerne ‚nein'."
Ein gelbes Auto stoppt vor dem Haus.
„Also!" sagt Frau Wolff. „Da ist er
schon! Ja, sieh mal das ‚C H' auf
dem Auto! Das muß er sein!"
Athletisch springt ein junger Mann
von vielleicht fünfundzwanzig
Jahren aus dem Auto.
„Das kann er nicht sein", sagt Dagmar.
„Er ist so jung und sportlich. Warum

sucht er eine Frau durch ein Inserat?"
„Ja, warum?" sagt ihre Mutter.
Es klingelt. Der junge Mann stellt sich
vor:
„Max Bruni", sagt er sehr freundlich.
Er ist ein sympathischer junger Mann
und auch sehr offen. Er kommt direkt
zur Sache:
„Ich war verheiratet", sagt er, „aber
durch einen tragischen Unfall habe ich

meine Frau verloren. Ich habe vier Kinder: zwei Buben (Zwillinge von neun Jahren) und zwei Töchter von sieben und fünf Jahren—"

„So jung kann er nicht sein", denkt Dagmar.

„Wenn ich zu Hause bin, treibe ich viel Sport: Skifahren, Wasserskifahren, Schwimmen", sagt Max Bruni, „aber im Moment kann ich nicht oft zu Hause sein."

„Wieso?" fragt Herr Wolff.

„Ich bin Kaufmann für E.B.M. (E.B.M. ist eine große Firma.)
Wegen meiner Arbeit bin ich überall in Europa, bald hier und bald dort. Natürlich kann ich die Kinder nicht allein lassen."

„Wo sind die Kinder jetzt?" fragt Dagmar.

„Bei einer Tante. Aber sie ist schon alt. Die Kinder sind für sie zuviel. Darum suche ich eine Frau. Die Kinder müssen eine Mutter haben."

„Das ist nichts für Dagmar?" sagt schnell Frau Wolff. „Ich bin dagegen!"

Dagmar stellt die Schokoladentorte auf den Tisch. Sie trinken Kaffee und sprechen weiter.

„Warum suchen Sie hier in Hamburg eine Frau?" fragt Herr Wolff.

„Wegen Ihres Inserats. Ich kam plötzlich auf die Idee. Und die Hamburgerinnen sind erstklassige Hausfrauen. Das sagt man überall.... Diese Schokoladentorte ist aber sehr gut. Haben Sie sie selbst gebacken, Frau Wolff?"

„Nein, meine Tochter backt gerne. Sie kann alles: putzen, kochen, backen..." sagt Frau Wolff automatisch.

„Ich gratuliere, Fräulein Wolff. Die Torte schmeckt großartig!"

„Wie lange bleiben Sie hier in Hamburg, Herr Bruni?" fragt Dagmars Vater.

„Noch fünf Wochen, dann gehe ich in die Schweiz zurück. Morgen fahre ich zur Ostsee. Möchten Sie vielleicht mitkommen, Fräulein Wolff?"

„Ja, gerne, danke", sagt Dagmar, ohne ihre Mutter anzusehen.

14

Fünf

So beginnt für Dagmar eine
wunderschöne Zeit.
Sie ist sehr froh, einen Freund zu haben.
Jetzt bleibt sie nicht so oft zu Hause.
Max ist intelligent und charmant.
Dagmar hat sich schnell in ihn verliebt.
Aber sie macht sich keine Illusionen.
Sie weiß, daß er eine gute Mutter für
seine Kinder sucht. Dazu will er eine
gute Hausfrau haben. Er spricht nicht
von Liebe.
Aber Dagmar kommt gut mit ihm aus.
Bald sagen sie „Du" zueinander.
Dagmar kauft sich ein schickes Kleid
und geht zum Frisör. Sie will schön
sein. Für sie ist es eine große Chance,
Max zu heiraten.
Die Zeit geht schnell vorbei.
Bald muß Max in die Schweiz zurück.
Eines Abends kommt Dagmar sehr
glücklich nach Hause.
„Max und ich werden heiraten!" sagt sie
zu den Eltern.
„Heiraten!" sagt Frau Wolff. „In so einer
kurzen Zeit! Was für ein Risiko! Es
kommt nicht in Frage! Ganz und gar
nicht! Du bist noch jung und du hast
Zeit zu. . . ."
„Christel ist auch jung", unterbricht
Dagmar schnell, „aber sie und Kurt
heiraten am Ende des Monats."

15

Frau Wolff will nichts davon hören.
„Ich bin dagegen!" sagt sie. „Das Risiko
ist zu groß. Was sagst du dazu, Vati?"
Herr Wolff ist sehr diplomatisch:
„Max ist sehr intelligent und tolerant",
sagt er, „Dagmar ist in ihn verliebt. Sie
muß wissen, ob sie ihn will oder nicht."
„Aber die Schweiz ist so weit von
Hamburg weg. Dagmar wird dort allein
sein in einem fremden Land."
„Mit vier Kindern kann sie nicht so

allein sein, und Dagmar muß wissen,
was sie will," sagt Herr Wolff.
Dagmar weiß sehr gut, was sie will!
Sie will Max heiraten und so bald wie
möglich.
Zu Hause ist die Situation schwierig.
Vielleicht kann Christel ihr helfen?
„Gerne!" sagt Christel. „Machen wir eine
Doppelhochzeit!"
„Prima!" sagt Max. „Das ist eine tolle
Idee!"

„Fein!" sagt Kurt. „So wird es viel
lustiger sein!"
Und lustig ist die Doppelhochzeit:
120 Gäste, viel Spaß, alles klappt!
Am Ende des wunderschönen Tages
gehen Kurt und Christel auf ihre
Hochzeitsreise.
Max und Dagmar machen keine
Hochzeitsreise.
Sie fahren direkt in die Schweiz.

Sechs

Max kommt aus dem Berner Oberland.
Dort hat er ein Chalet.
Wie es dort ist, weiß Dagmar nicht.
Sie war nie vorher in der Schweiz.
Es ist spät abends, als sie ankommen.
Dagmar kann nicht viel sehen, aber
die Luft ist frisch und kühl, und überall
hört man Kuhglocken.
Am nächsten Morgen steht Dagmar
sehr früh auf.
„Wo bin ich?" denkt sie.
Die Decke des Zimmers ist aus Holz;
die Wände sind auch aus Holz, und
natürlich auch der Boden.
Dagmar springt aus dem Bett und
geht zum Fenster.
Und was sieht sie? . . .
Schneebedeckte Berge, die in der
Morgensonne rosa leuchten, Wälder,
grüne Weiden mit gelben Blumen,
braune Chalets und weit unten ein
blauer See.
Auf dem See sind Schiffe, Fischerboote
und Segelboote.
Sie sehen sehr klein aus, da sie so weit
unten sind.
Alles ist still und wunderschön.
Dagmar geht auf den hölzernen Balkon
hinaus.
Dort sitzt sie einen Moment auf einer
Bank im warmen Sonnenschein.

17

Die Kuhglocken klingen wie Musik, und die Natur ist doppelt so schön. „Wie glücklich bin ich!" denkt Dagmar. „Ich habe Max, und jetzt noch all diese Schönheit." Auf den ersten Blick ist Dagmar in die Schweiz verliebt. Es ist alles so hübsch, wie in einem Märchenland. Vor dem Chalet ist ein kleiner Garten. Im Garten sind gelbe Osterglocken.

Überall sind Chalets zu sehen; alle aus Holz gebaut und alle mit Balkonen. Max und Dagmar nehmen ihr Frühstück auf dem Balkon im Sonnenschein ein. „Wir haben alle Zimmer in diesem Stock", erklärt Max. „Unten sind noch vier Zimmer, und wie du ja siehst, eine große Terrasse. Die Zimmer oben im zweiten Stock gehören nicht uns. Dort wohnt eine alte Dame allein. Jetzt

gehen wir nach oben, um sie zu begrüßen. Sie will dich kennenlernen." Max stellt seine neue Frau vor. Die Dame ist sehr freundlich und sagt: „Es freut mich sehr, Frau Bruni. Seid willkommen in der Schweiz. Hier im Oberland ist es schön, nicht wahr?" „Ja, es ist ein kleines Paradies", sagt Dagmar. Frau Werner und Max sprechen

miteinander.
Was sie sagen, kann Dagmar nicht
verstehen, denn sie sprechen Dialekt.
Anstatt „nicht wahr" sagen sie „gau".
„Überall spricht man hier Berner
Dialekt", sagt Frau Werner.
„Das müssen Sie auch lernen, gau?"
Am Nachmittag kommen die vier
Kinder.
Sie sind sehr froh, ihren Vater

wiederzusehen.
Auch sie sprechen Berner Deutsch.
Das kleine Mädchen heißt Maya. Sie
bringt gelbe Blumen mit.
„Bist du meine neue Mami?" fragt sie.
„Ja", sagt Dagmar.
„Und wirst du mich adoptieren?"
„Nein, Maya, du wirst mich adoptieren",
sagt Dagmar.
„Gut, dann bin ich happy!" sagt die

Kleine.
„Ich bin auch happy!" sagt Dagmar.
„Die Blumen sind für dich!"
„Oh, wie schön!" Ich liebe Oster-
glocken", sagt Dagmar.
„Es sind aber Aprilglocken", sagt Maya.
„Also, Aprilglocken; jetzt lerne ich
Berner Deutsch, gau?", und Dagmar
lacht. Sie ist sehr glücklich.

Sieben

Der Tag beginnt früh in der Schweiz.
Um sieben Uhr sind die Lebensmittel-
geschäfte offen.
Ab April müssen die Sekundarschüler
um sieben Uhr in der Schule sein.
(Im Winter um acht Uhr.)
Die Zwillinge gehen in die Primar-
schule. Die kleine Trudi auch.

Dort beginnt der Schultag um acht Uhr
im Sommer.
Maya geht in den Kindergarten. Dagmar
bringt die Kleine um neun Uhr dorthin.
Dann macht sie ihre Kommissionen.
In der Bäckerei kauft sie wunderbares
frisches Brot.
Für Dagmar ist der Tag nie lang genug.
Im Garten hat sie schon Salat und
Gemüse gepflanzt. Sie arbeitet gerne

im Garten. Dann macht sie
Kommissionen, geht zum See und dann
nach Hause, immer bergauf, bergab,
bergauf, bergab!
Das Wetter wird heiß.
Dagmar nimmt ihr schönes
Sommerkleid aus dem Schrank.
Aber das Kleid ist jetzt viel zu groß.
Dagmar macht davon zwei hübsche
Kleider für die Mädchen. Für sich

selbst kauft sie ein neues Kleid in der Stadt.

Das Kleid ist sehr flott. Dagmar ist damit sehr zufrieden.

Am Wochenende geht sie oft mit den Kindern zum See hinunter.

Dort gibt es eine Wasserskischule.

Die Zwillinge wollen Wasserskifahren.

„Wenn sie es können, kann ich es auch!" denkt Dagmar.

Mit den Buben lernt sie Wasserskifahren.

Dann schwimmt sie mit Trudi im See.

„Ich will auch Schwimmen lernen", sagt Maya.

„Komm' doch!" sagt Dagmar, und sie spielt mit Maya im Wasser.

„Wer ist das hübsche Mädchen im roten Bikini!" fragt ein junger Mann, der auf der Terrasse des Restaurants am See ein Glas Bier trinkt.

„Wer? Wo?" fragt seine Freundin.

„Dort im Wasser. Sie spielt mit den Brunis Kindern."

„Das ist meine Frau!" sagt Max, der zufällig vorbeikommt.

„Darf ich sie vorstellen?

Dagmar! Komm'! Einen Moment mal!

Hier sind Freunde von mir. Sie wollen dich kennenlernen!"

Acht

Wie schon gesagt, kann Max nicht oft zu Hause sein.

Wegen seiner Arbeit ist er überall in Europa, bald hier und bald dort: in Italien, Deutschland, Frankreich und auch in England.

Drei, vier, fünf Wochen muß er vielleicht von zu Hause weg sein.

Wenn er fort ist, spielt Dagmar gerne mit den Kindern.

Im Herbst gehen sie Pilze sammeln. Oben in den Bergen gibt es im September viele Pilze.

Die Kinder nehmen Plastiksäcke und gehen fröhlich mit Dagmar fort. Bald haben sie sechs Säcke voll mit Pilzen.

„Was werden wir mit so vielen Pilzen machen?" fragt Trudi.

„Sie sind für den Winter", sagt Dagmar. „Wir werden sie trocknen."

„Ich möchte heute Pilze essen", sagt Maya.

„Also, machen wir sofort ein großes Omelette und essen viele Pilze dazu!"

sagt Dagmar.
„Fein!" sagen die Zwillinge.
Das Omelette schmeckt sehr gut.
„Bist du sicher, daß die Pilze gut sind?"
fragt Trudi. „Sie schmecken so
komisch."
„Ja, sie sind gut", sagt Dagmar, aber sie
ist sich nicht sicher. Sie kommt aus
einer Großstadt. In Hamburg sammelt

man keine Pilze.
„Vielleicht sind sie giftig", sagt Trudi.
„Hier gibt es viele Pilze, die giftig sind.
Es ist sehr gefährlich, sie zu essen."
Das Mädchen hat noch ein paar Pilze
auf ihrem Teller.
„Komm' Susi", sagt sie zu der Katze, und
sie gibt der Katze den Rest der Pilze.
„Jetzt wissen wir, ob die Pilze gut sind,

oder . . ." sagt Dagmar.
Zehn Minuten später hört sie furchtbare
Schreie:
„Komm' Mutti, komm' sofort!"
Trudi ist kreideweiß. Die Zwillinge sind
auch sehr blaß.
Auf dem Boden liegt die Katze ganz still.

Neun

„Sieh mal! Susi ist tot!" sagt Trudi,
und sie weint.
„Dann sind wir alle vergiftet", sagt Dani
(ein Zwilling).
„Mein Gott", denkt Dagmar. „Was wird
Max sagen? Er hat schon seine erste
Frau verloren. Und jetzt seine
Kinder...!"
Schnell rennt sie zum Telefon—

„Sofort ins Spital!" sagt Doktor Heinz.
„Es ist keine Sekunde zu verlieren!
Sofort nach Bern ins Krankenhaus!"
Das Auto steht in der Garage.
Wie wild packt Dagmar die Kinder ins
Auto und fährt schnell zum Kranken-
haus. Auch sie ist jetzt weiß wie die
Wand. Die Kinder weinen.
Bald kommen sie zur Autobahn.
„Gottlob! Hier gibt es keine Signale",
sagt Dagmar, und fährt immer schneller:

120, 160 km/h.
In der Stadt muß sie vor einem roten
Signal Halt machen.
„Wie geht es euch jetzt?" fragt sie
ängstlich.
„Schlecht!" sagen die Kinder.
„Wenn ich sie nur zur rechten Zeit ins
Spital bringen kann!" denkt Dagmar.
Die Kinder sind immer noch sehr blaß.
Im Krankenhaus kommen sie direkt
zum Arzt.

„Alles auspumpen!" sagt er. „Alles muß ausgepumpt werden!"
Das ist aber schlimm!
Aber Dagmar ist dankbar.
Die Kinder sind noch am Leben.
Wenn Max nach Hause kommt, wird er seine Familie vorfinden.
Das ist die Hauptsache.
Der Arzt kommt ins Zimmer. Er will mit Dagmar sprechen.

„Es ist komisch, Frau Bruni", sagt er, „der Assistent findet nichts."
„Was! Das ist aber komisch!" sagt Dagmar.
Auf dem Weg nach Hause lachen und spielen die Kinder im Auto. Sie sehen sehr wohl aus.
Als sie nach Hause kommen, ist Max schon da.
„Kommt Kinder!" sagt er. „Ich habe eine Überraschung für euch!"
Auf dem Balkon ist die Katze mit fünf Jungen.
„Ach! Die Susi hat fünf junge Kätzchen!" sagt Maya. „Ich bin happy."
„Ich auch", sagt Dagmar. „Du weißt nicht, wie froh ich bin."
Und sie bricht in Tränen aus.
„Daggi, du bist aber komisch!" sagt Max.

Zehn

Der Winter kommt früh ins Berner
Oberland.
Ende Oktober gibt es schon viel
Schnee auf den Bergen.
Max will Skifahren gehen.
„Kommst du mit, Daggi?" fragt er. „Nur

für acht Tage."
„Gerne!" sagt sie. „Nehmen wir die
Kinder mit?"
„Nein, wir gehen einmal allein. Meine
Tante aus Bern kommt gerne für eine
kurze Zeit."
So ist es abgemacht.
Max kennt schon ein kleines, aber

sehr gutes Hotel, „das Alpenhorn".
Das Wetter ist herrlich. Die Sonne
scheint und überall ist Schnee auf den
Bergen.
Den ganzen Tag fahren Max und
Dagmar Ski.
„Du fährst aber sehr gut, Daggi",
bemerkt Max.

„Danke für das Kompliment", antwortet Dagmar. Sie ist sehr froh.
Abends tanzen sie in einer romantischen kleinen Bar. Dagmar weiß, daß sie schick aussieht. Tolle Hosen und Pullis hat sie extra mitgebracht. Und jetzt ist sie sehr schlank und gesund.

„Was für ein schönes Mädchen! Wer ist es?" fragt ein Hotelgast.
„Sie ist die junge Frau Bruni", antwortet ein Freund von Max.
„Sie sind sehr glücklich zusammen."
Die letzte Nacht kommt nur zu schnell. Max und Dagmar sind auf dem Balkon

ihres Zimmers.
Das Radio spielt romantische Musik.
„Daggi", sagt Max. „weißt du was? Ich habe mich in meine eigene Frau verliebt!"

Vocabulary

ab: from
Abend (m): evening
abends: in the evening
am Abend: in the evening
aber: however, but
abgemacht: agreed
abholen: to call for
acht: eight
adoptieren: to adopt
all: all
alles: everything
allein: alone
Alpenhorn (n): Alphorn
als: as, when
also: so, thus
alt: old
am = an dem
amüsieren: to amuse
an: on, at
anderer: other
angehen: to concern
ängstlich: anxious, alarmed
ankommen: to arrive
annehmen: to accept
ansehen: to look at
anstatt: instead of
antworten: to answer
Apfelkuchen (m): apple cake
Aprikosenkuchen (m): apricot cake
Arbeit (f): work
arbeiten: to work
Arzt (m): doctor
Assistent (m): assistant
athletisch: athletic
auch: also, too

auch nicht: nor, neither
auf: for, on
aufgeben: to order
aufnehmen: to take up
aufstehen: to get up
aus: out, from
ausgehen: to go out
auskommen: to manage
Ausland (n): abroad
Ausländer (m): foreigner
auspumpen: to pump out
aussehen: to look
Auto (n): car
Autobahn (f): motorway
automatisch: automatic

backen: to bake
Backen (n): baking
Bäckerei (f): bakery
bald: soon
so bald wie möglich: as soon as possible
Balkon (m): balcony
Bank (f): bench
bauen: to build
Beatkeller (m): beat cellar
Beatmusik (f): beat music
beginnen: to begin
begrüßen: to greet, to welcome
bei: at, with
beim = bei dem
bemerken: to remark, notice
Berg (m): mountain
bergab: downhill
bergauf: uphill
Berner Oberland: Bernese Oberland
besser: better
besser . . . als: better than
beste: best
Bett (n): bed

Bier (n): beer
bitte: please
blaß: pale
blau: blue
bleiben: to remain, to stay
Blick (m): glance
Blume (f): flower
Boden (m): floor
braun: brown
Brief (m): letter
bringen: to bring
Brot (n): bread
Bube (m): boy
Büro (n): office

charmant: charming

da: there, as
dabei: present
dagegen: against that
Dame (f): lady
damit: with it
danke: thank you
dankbar: grateful
dann: then
darüber: about it
darum: that is why
daß: that
davon: of, about, of it
dazu: to it, for it, with it
Decke (f): ceiling
denken: to think
denn: then, for
Deutsch (n): German
Deutsche (m): German
Deutschland (n): Germany
Dialekt (m): dialect
dick: fat
diese: these
diplomatisch: diplomatic

direkt: direct
diskret: discreet
doch: though
  komm doch: do come
Doktor (m): doctor
doppelt: double
Doppelhochzeit (f): double wedding
dort: there
dorthin: there
drei: three
dritte: third
du: you
dumm: stupid
durch: through
dürfen: to be permitted, allowed
darf ich: may I

eigene: own
ein: a, one
einfach: simple
einmal: once
einnehmen: to take
Eltern (pl): parents
Ende (n): end
er: he
erklären: to explain
erst: first
erstklassig: first-rate
es: it
essen: to eat
etwas: something
euch: you
Europa (n): Europe
extra: special, specially

fahren: to drive, to go
fast: almost
fein: fine, excellent
Fenster (n): window
finden: to find

Firma (f): firm
Fischerboot (n): fishing boat
fleißig: diligent
flott: smart
fort: away
Frage (f): question
das kommt nicht in Frage: that is out of
  the question

fragen: to ask
Frankreich (n): France
Frau (f): Mrs, wife
Fräulein (n): Miss
frei: free
fremd: strange
freuen: to be pleased
Freund (m): friend, boy friend
Freundin (f): girl friend
freundlich: kind
frisch: fresh
Frisör (m): hairdresser
froh: glad
fröhlich: gay
früh: early
Frühstück (n): breakfast
fünf: five
fünfundzwanzig: twenty-five
für: for
furchtbar: terrible

ganz: whole
ganz und gar nicht: not at all
Garten (m): garden
Gast (m): guest
geben: to give, to be
 es gibt: there is
gefährlich: dangerous
gehen: to go
es geht mir gut: I am getting on well
gehören: to belong

gelb: yellow
genug: enough
Gemüse (n): vegetable
gern: with pleasure, readily
Geschwister (pl): Brother(s) and sister(s)
gesund: healthy
giftig: poisonous
Glas (n): glass
glücklich: happy
Gott (m): god
gottlob: thank god
gratulieren: to congratulate
groß: big
großartig: great, first-rate
Großstadt (f): city
grün: green
gut: good, well

haben: to have
halb: half
Halt (m): halt
Halt machen: to halt
Hamburgerin (f): woman from Hamburg
Hauptsache (f): main thing
Haus (n): house
  nach Hause: (to go) home
  zu Hause: at home
Hausfrau (f): house wife
heiß: hot
heißen: to name, to call
heiraten: to marry
helfen: to help
Herbst (m): autumn
Herr (m): gentleman, Mr, man
herrlich: magnificent
hier: here
hinaus: out
hinten: in the back
hinunter: down

Hochzeitsreise (f): honey moon
Hochzeitsreise machen: to go on honey moon
Holz (n): wood
hölzern: wooden
hören: to listen
Hose (f): trousers
hübsch: pretty
hungrig: hungry

ich: I
Idee (f): idea
  auf eine Idee kommen: to have an idea
Ihr: your
ihr: her
immer: always
immer noch: still

ja: yes
Jahr (n): year
jetzt: now
jung: young
Junge (m): young one

Kaffee (m): coffee
Katze (f): cat
Kätzchen (n): kitten
Kaufmann (m): tradesman, businessman
kaufen: to buy
kein: no
kennen: to know
kennenlernen: to get to know
King (n): child
Kindergarten (m): nursery school
Kino (n): cinema
klappen: to work well
Kleid (n): dress
klein: small, little
Kleine (f): little one
klingeln: to ring
Km/h = Kilometer per Hora: kilometre per hour

kochen: to cook
Kochen (n): cooking
komisch: strange
kommen: to come
Kommission (f): commission
Kompliment (n): compliment
können: can, to be able
Kontakt (m): contact
korrekt: correct
Krankenhaus (n): hospital
kreideweiß: as white as a sheet
Kuchen (m): cake
Kuhglocke (f): cowbell
kühl: cool
kurz: short
Kusine (f): cousin

lachen: to laugh
Land (n): country
lang: long
lassen: to let, to leave
Leben (n): life
  am Leben sein: to be alive
Lebensmittelgeschäft (n): grocer's shop
lernen: to learn
lesen: to read
leuchten: to shimmer
Leute (pl): people
Liebe (f): love
lieben: to love
lieber: rather
Limonade (f): lemonade
Luft (f): air
lustig: funny
lustiger: funnier

machen: to make
Mädchen (n): girl
mal: once, just
man: one

Mann (m): man, husband
Märchenland (n): fairy tale land
mein: my
Mensch (m): man
mit: with
mitbringen: to bring (along with)
miteinander: with each other
mitkommen: to come too
mitnehmen: to take (along with)
mögen: to like
Moment im: at the moment
  einen Moment mal: just a moment
Monat (m): month
Montag (m): Monday
morgen: tomorrow
Morgen (m): morning
morgens: in the morning
Morgensonne (f): morning sun
Musik (f): music
müssen: must, to have to
Mutter, Mami (f): mother

nach: to
Nachmittag (m): afternoon
nachmittags: in the afternoon
nachdenken: to think about
nächste: next
namens: named, called
Natur (f): nature
natürlich: of course
nehmen: to take
nein: no
nervös: tense, nervous
neu: new
neun: nine
nett: nice
nicht: not
  gar nicht: not at all
nicht mehr: no longer

nicht wahr: isn't it
nichts: nothing
nie: never
noch: still, besides
noch ein: another
  immer noch: still
nur: only
nützen: to use

ob: whether
oben: above, up
oder: or
offen: open
Offerte (f): offer
oft: often
ohne: without
Oktober (m): October
Omelette (n): omlette
Ordnung (f): order
  es ist in Ordnung: it is all right
Ostern (n): Easter
Osterglocke (f): daffodil
Ostsee (f): Baltic Sea

paar: few
packen: to put, to pack
Paradies (n): paradise
persönlich: personal
pflanzen: to plant
Pilz (m): mushroom
Plastiksack (m): plastic bag
Platz (m): place
plötzlich: suddenly
prima: excellent
Primarschule (f): primary school
Pulli (m): pullover
putzen: to clean

recht: right
  zur rechten Zeit: in due time
rennen: to run

Risiko (n): risk
romantisch: romantic
rosa: pink
rot: red

Sache (f): thing, object
  zur Sache kommen: to come to the point
Sack (m): bag
sagen: to say
wie gesagt: as was said before
sagen wir: let us say
Salat (m): lettuce
  das ist schade: that is a pity
  es ist schade: it is a pity
sammeln: to collect
scheinen: to shine
schick: smart, chic
Schiff (n): ship
schlank: slim
schlecht: bad
schlimm: serious, bad
schmecken: to taste
Schnee (m): snow
schneebedeckt: snow-covered
schnell: quick
schneller: quicker
  immer schneller: quicker and quicker
schon: already
Schokoladentorte (f): chocolate cake
schön: beautiful
Schönheit (f): beauty
Schrank (m): wardrobe
Schrei (m): scream
Schule (f): school
Schultag (m): school day
Schweizer (m): Swiss (man)
Schweiz (f): Switzerland
schwierig: difficult
schwimmen: to swim

Schwimmen (n): swimming
sechs: six
See (m): lake
Segelboot (n): sailing boat
sehr: very
sein: his
sein: to be
Sekunde (f): second
Sekundarschüler (m): secondary school pupil
selbst: self
sicher: certain
sie: she
sie: they
Sie: you
sieben: seven
Signal (n): sign, signal
sitzen: to sit
Skifahren (n): skiing
so: as, so
sofort: immediately
sollen: should, have to
Sommer (m): summer
Sommerkleid (n): summer dress
Sonnenschein (m): sunshine
sonst: else
soviel: so much
Spaß: fun
spät: late
später: later
spielen: to play
Spital (n): hospital
Sport treiben: to go in for sports
sportlich: sporty
Sportwagen (m): sports car
sprechen: to speak
springen: to jump
Stadt (f): town
stehen: to stand
stellen: to put

still: quiet
Stock (m): floor
stoppen: to stop
Stück (n): piece
Stunde (f): hour
suchen: to look for, to search
sympathisch: agreeable, friendly

Tag (m): day
Tante (f): aunt
tanzen: to dance
Telefon (n): telephone
Teller (m): plate
Terrasse (f): terrace
Tisch (m): table
Tochter (f): daughter
toll: super
tot: dead
tragisch: tragic
Träne (f): tear
  in Tränen ausbrechen: to burst into tears
trinken: to drink
tun: to do
trocknen: to dry

über: about
überall: everywhere
Überraschung (f): surprise
Uhr (f): clock, watch
  acht Uhr: eight o'clock
um: at
um ... zu: in order to
und: and
und so weiter: and so on
Unfall (m): accident
uninteressant: uninteresting
unten: down, below
unterbrechen: to interrupt

Vati, Vater (m): father

verheiratet: married
vergiftet: poisoned
verlieben: to fall in love
verliebt sein: to be in love
verlieren: to lose
verstehen: to understand
viel: much
viele: many
vielleicht: perhaps
vier: four
voll: full
von: from, of
vor: in front of
vorbeigehen: to pass, go by
vorbeikommen: to pass, come by
vorfinden: to find
vorher: before

Wagen (m): car
Wald (m): forest
Wand (f): wall
wann: when
was: what
was für ein: what a
Wasser (n): water
Wasserskifahren (n): waterskiing
Weide (f): pasture
Weg (m): way
weg: away
wegen: because of
weinen: to cry
weit: far
weitersprechen: to carry on talking
wenn: if
wer: who
werden: will
Wetter (n): weather
weiß: white
weiß wie die Wand: as white as a sheet

wie: as, like, how
wieder: again
  immer wieder: again and again
wiedersehen: to see again
  auf Wiedersehen (n): good bye
wie geht es euch: how are you
wie schon gesagt: as was said before
wieso: why
wieviele: how many
wild: mad
willkommen: to welcome
wir: we
wirklich: really, indeed
wissen: to know
wo: where
Woche (f): week
Wochenende (n): week-end
wohl: well
wohnen: to live
wollen: to want to, to wish
wunderbar: wonderful
wunderschön: very beautiful, exquisite

zehn: ten
Zeit (f): time
Zeitung (f): newspaper
Zimmer (n): room
zu: to, too
zur = zu der
zueinander: to each other
zufällig: by chance
zufrieden: pleased, satisfied
zuhören: to listen
zurück: back
zusammen: together
zuviel: too much
zwei: two
zweite: second
Zwillinge (pl): twins